CHAMBRES SYNDICALES

DU BATIMENT

LEUR OBJET, LES SERVICES QU'ELLES RENDENT
LEURS STATUTS ET LEURS RÈGLEMENTS

ASSURANCES

CONTRE LES ACCIDENTS DE BATIMENT

PAR

EUGÈNE DELAHAYE
Rédacteur en chef de la *Réforme du Bâtiment*

Prix : 1 franc 25

SE TROUVE A PARIS
DANS LES BUREAUX DE LA RÉFORME DU BATIMENT
Rue de l'École-de-Médecine, 32 et 34
ET A MEAUX
DANS LES BUREAUX DU JOURNAL DE SEINE-ET-MARNE

1869

CHAMBRES SYNDICALES

DU BATIMENT

LEUR OBJET, LES SERVICES QU'ELLES RENDENT
LEURS STATUTS ET LEURS RÈGLEMENTS

ASSURANCES

CONTRE LES ACCIDENTS DE BATIMENT

PAR

EUGÈNE DELAHAYE
Rédacteur en chef de la *Réforme du Bâtiment*

Prix : 1 franc 25

SE TROUVE A PARIS
DANS LES BUREAUX DE LA *RÉFORME DU BATIMENT*
Rue de l'École-de-Médecine, 32 et 34
ET A MEAUX
DANS LES BUREAUX DU *JOURNAL DE SEINE-et-MARNE*

1869

CHAMBRES SYNDICALES
DU BATIMENT

PREMIÈRE PARTIE

CHAPITRE PREMIER

CARACTÈRE D'UTILITÉ PUBLIQUE DES CHAMBRES SYNDICALES

De toutes les opérations qu'un homme puisse être amené à faire, il n'en est aucune où il soit aussi neutre, aussi emprunté que dans une affaire de construction. La multitude de matières qui entrent dans un bâtiment, la variété des travaux qui s'y exécutent forment un monde au milieu duquel il flotte incertain et incapable de se prononcer.

Mais s'il ne connaît rien aux matières premières, et à la direction à imprimer aux travaux, il est encore bien plus embarrassé quand il s'agit d'en fixer le prix ; et son embarras est encore augmenté par le langage de convention usité dans les mémoires d'ouvrages de bâtiment.

Dans ces énumérations interminables, le moindre ouvrage de menuiserie, de plomberie, ou de toute autre branche de travaux prend un quart de page, et les mots qui forment cette description chiffrée sont absolument inintelligibles pour toute autre personne que celles du métier. Les longs mémoires de bâtiment sont pour les profanes, des hyéroglyphes complétement incompréhensibles.

Les propriétaires sont donc, en général, incapables de diriger leurs travaux et d'en déterminer la valeur. D'un autre côté, lorsqu'il s'agit de les recevoir et d'en payer le prix, ils se trouvent dans un embarras non moins grand, car ils savent que sous les plus belles apparences, les ouvrages de construction cachent souvent des vices fort graves.

Ainsi il est inévitable qu'avant de le faire, ils recourent à l'intervention de quelqu'un du métier, c'est-à-dire à un architecte ou à un vérificateur.

Mais là encore se présente une difficulté aussi sérieuse, une nouvelle cause de perturbation, car le choix d'un homme sûr, pour cette vérification, est aussi embarrassant que la vérification elle-même.

La profession d'architecte et de vérificateur n'étant assujettie à aucune condition de savoir et d'expérience, il arrive qu'une foule d'individus qui n'ont fait ni études ni stage, et n'ont aucune pratique du métier, s'emparent néanmoins de ce titre, et se trouvent ainsi au même rang que ceux qui ont le savoir et l'expérience voulus. A Paris, par exemple, le corps des architectes et des vérificateurs contient des gens de toute origine : des ex-clercs d'huissiers, des ex-commis de magasin, des ex-entrepreneurs tombés en déconfiture, et une foule d'autres déclassés qui, n'ayant pu faire leur chemin dans aucun des états qui exigent soit un capital, soit un titre : un diplôme ou un brevet de capacité, se jettent dans l'architecture et la vérification. Or, comme la généralité des propriétaires croient que le titre d'architecte a un caractère officiel de même que ceux de médecin, d'avocat ou d'instituteur; quiconque juge convenable de s'orner du titre d'architecte leur paraît faire autorité et mériter leur confiance. On comprend combien d'erreurs, combien de difficultés, combien de procès naissent d'une telle confusion; car dès qu'un propriétaire a mis sa confiance dans un architecte, homme officiel à ses yeux, il le suit et le soutient jusqu'au bout, et le plus souvent se laisse entraîner par lui devant la justice.

Ah! si au moins il était certain d'y obtenir une appréciation sérieuse! mais là encore il retrouve les mêmes causes d'erreur. En effet, les juges ne pouvant pas eux-mêmes visiter et évaluer les ouvrages, objet de contestation, chargent un expert de cette mission, conformément aux prescriptions de la loi, et naturellement cet expert devient de ce fait le juge de l'affaire, puisque le tribunal qui le nomme a toute confiance en lui, et n'a d'ailleurs aucun moyen de contrôler ses appréciations. Or, les experts des tribunaux n'offrent pas plus de garanties *perceptibles* de savoir, que les autres architectes et vérificateurs. Il en est sans doute parmi ceux qui postulent et obtiennent les fonctions d'expert un certain nombre de parfaitement capables, mais les juges n'ont aucun moyen de les distinguer de ceux qui ne le sont pas; leur choix est donc guidé par le hasard ou pour mieux dire par la recommandation de protecteurs très-peu fixés eux-mêmes sur le mérite de leurs protégés.

On voit donc que l'expertise est loin d'offrir aux justiciables des garanties sérieuses de vérité.

A Paris et dans quelques grandes villes, il y a certainement des experts instruits, expérimentés, et, d'ailleurs, indépendants; mais il ne sont pas tous dans ce cas, et, d'ailleurs, ceux qui s'y trouvent font rarement la vérification eux-mêmes, ils en chargent leur vérificateur.

Quoi qu'il en soit, je dois reconnaître que la plupart des expertises, à Paris, se font convenablement.

Mais en province, dans les moyennes et les petites villes surtout, l'insuffisance des experts arrive à des proportions inouïes, et ces graves fonctions, qui sont une véritable magistrature, sont très-souvent confiées à des hommes fort peu connaisseurs en matière de travaux.

J'en pourrais citer par centaines qui, complétement dépourvus de connaissances en architecture et en vérification, sont parvenus néanmoins à être les experts habituels des tribunaux.

Et pourtant ce n'est pas une petite affaire que la fonction d'expert universel, et je n'hésite pas à dire qu'elle est au-dessus de la dose des connaissances que peut embrasser un seul homme.

Pour évaluer les divers ouvrages qui entrent dans les constructions, il faut être en état de juger à première vue la nature, la provenance et la qualité des innombrables matières premières propres à ce genre de travaux : la pierre, la brique, le sable, la chaux, le plâtre, les ciments, les bois, les fers et autres métaux, les couleurs, la vitrerie, la dorure, les marbres, etc., etc.; de plus, il faut pouvoir juger le temps qu'exige l'exécution des divers ouvrages de maçonnerie, de charpente et menuiserie, de plomberie, de peinture, etc. C'est, comme on le voit, tout un monde à part, et l'homme déjà instruit des sciences qui traitent de toutes ces matières, ne peut, que par une très-longue expérience, arriver à connaître les difficultés du travail et les procédés par lesquels on l'abrége.

Or, parmi ceux qui possèdent des connaissances aussi

étendues, quel est celui qui consentira à rester en province comme architecte expert, pour gagner à peine de quoi vivre? S'il en existe, le nombre en est fort restreint.

Il est donc évident que dans toutes les affaires qu'ils ne peuvent juger que d'après un expert, les tribunaux de province se trouvent dans le plus grand embarras, et, le plus souvent, forcés de confier ces missions à des hommes très-insuffisants.

Du reste, ces experts révèlent souvent eux-mêmes leur insuffisance par la lenteur de leurs opérations. Les expertises, en province, durent souvent six mois, un an deux ans, quatre ans... il y en a qui ne se terminent jamais, ou au moins dont les parties intéressées n'ont pas le temps de voir la fin; ils meurent trop tôt pour cela.

Il y a là un mal déplorable, car les affaires de bâtiment occupent une place très-importante dans les opérations de la justice, et il est triste que, presque jamais, les sentences rendues en cette matière n'offrent la certitude d'exactitude et d'équité à laquelle ont droit tous les citoyens.

Cette imperfection de la juridiction en matière d'expertise de bâtiment appelle assurément un remède radical, et nous espérons qu'en attendant qu'une loi — tant et si souvent demandée — offre au public et aux tribunaux des architectes et des vérificateurs munis de diplômes, et par conséquent ayant les mêmes droits à leur confiance que les médecins, les avocats et tous ceux qui exercent des professions libérales, et de plus organise l'expertise sur des bases sérieuses, l'autorité secondera toutes les institutions qui pourront tenir lieu de cette loi.

Nous sommes heureux de pouvoir déjà constater que

dans un grand nombre de départements, l'institution syndicale dont le caractère et la mission sont l'objet de cette brochure a été favorablement accueillie, et que tout permet d'espérer qu'elle se propagera de plus en plus, et fera cesser les maux que nous déplorons.

CHAPITRE II

Caractères d'une Chambre syndicale de bâtiment.

Une chambre syndicale est une société de membres d'une même industrie, dont l'objet est de sauvegarder les intérêts et l'honorabilité de leur corporation, en publiant les conditions auxquelles peuvent s'établir ses produits, et en intervenant dans les contestations où se trouvent engagés leurs confrères, afin de leur faire rendre justice quand on lèse leurs droits, et de les condamner quand ils sont coupables de fraude ou d'exagération dans leurs prétentions.

Telles sont les chambres de notaires, d'agents de change, d'huissiers, etc.

Spécialement une chambre syndicale de bâtiment est composée d'entrepreneurs de diverses branches du bâtiment dont l'objet est de publiér une série de prix d'ouvrages de construction offrant toutes les garanties désirables d'exactitude, et d'intervenir, à titre d'arbitres ou d'experts, dans les contestations soulevées par les prétentions mal fondées des propriétaires ou des entrepreneurs.

Ces chambres offrent, par la nature de leur constitution, toutes les garanties possibles de savoir et d'équité; et cela parce que, dans ces sociétés, les hommes ne sont rien, les principes sont tout, ainsi qu'on le verra en étudiant le mécanisme de cette institution.

Quant à la série de prix, elle est élaborée par des commissions formées à l'élection parmi les membres les plus capables de la Chambre, fixant chacune les prix de leur spécialité, et présentée ensuite à l'examen de l'assemblée tout entière, et enfin, soumise au contrôle des architectes de l'administration. Il est certain qu'une œuvre établie et publiée dans de telles conditions ne peut pas renfermer d'erreurs.

Quant aux expertises, elles sont également empreintes de tous les caractères de l'équité.

Ces expertises sont toujours faites par trois membres fonctionnant en commun et solidairement; rendant compte de leurs opérations au bureau de la chambre et toujours exposés, en cas de récrimination de l'une des parties, au contrôle de la Chambre entière.

Ce mécanisme qui, du reste, se trouve plus complétement expliqué au chapitre des statuts (p. 23), et à celui du règlement (p. 40), ne permet, on le voit, aucune erreur, aucune partialité. Les experts d'une Chambre syndicale connaissent parfaitement les travaux soumis à leur appréciation, puisqu'ils ne sortent jamais de leur spécialité; de plus, ils ne peuvent se laisser entraîner par aucune partialité, puisque le concours de leurs collègues, la surveillance du bureau et le contrôle de la société entière les retient dans le devoir.

D'ailleurs, ces commissions d'expertise ne sont pas livrées à elles-mêmes pour la détermination des prix; elles ne font, au contraire, qu'appliquer la série de prix établie par la Chambre syndicale, et devenue par le dépôt qui en est fait et la publicité qui lui est donnée, la base de tous les règlements. Toutes ces évaluations, faites par les experts des Chambres syndicales, ne sont donc que des applications de cette série de prix, et ne peuvent aucunement différer.

La seule partie du travail des commissions syndicales qui soit indépendante de la série de prix, est l'appréciation des malfaçons. Or, là encore, le contrôle du bureau que le propriétaire plaignant peut toujours invoquer, est une garantie sérieuse de sincérité, car aucune commission n'oserait nier des imperfections de travail qui, pour les gens du métier, sont toujours manifestes et ne peuvent laisser aucun doute.

Comme on le voit, toutes ces garanties de la sincérité des experts des Chambres sont tirées, non du caractère de leurs membres, ce qui serait insensé, car toute organisation qui repose en quelques points sur la supposition de l'honnêteté des hommes est vicieuse. Il ne faut jamais compter sur la probité ni le désintéressement de qui que ce soit. La loi écrite est seule sûre, parce qu'une fois écrite, on ne peut que la lire et l'appliquer telle qu'elle est, mais non la modifier. Cela est vrai en tout, pour les plus modestes sociétés comme pour les plus vastes.

Partout donc où l'institution syndicale sera établie sur des bases conformes aux principes que je viens d'exposer :

Solidarité,
Contrôle de tous,
Soumission à la loi,

elle fera disparaître une des immoralités les plus déplorables de notre organisation sociale : la possibilité d'ignorance et de partialité dans l'expertise.

Partout où des Chambres seront bien constituées, les juges s'empresseront de leur confier leurs expertises, ou, s'ils négligeaient de le faire, ils feraient preuve d'une coupable indifférence pour les résultats de la procédure qui est l'élément de leurs sentences, mais cette indifférence n'est pas à craindre dans un pays où la magistrature a toujours fait preuve de lumières et d'indépendance.

STATUTS

CHAPITRE PREMIER.

Mission de la Chambre.

Article 1er. — Les soussignés forment entre eux et ceux qui adhèreront par la suite au présent acte une Société purement civile, dont l'objet est de veiller aux intérêts généraux des propriétaires et des constructeurs de bâtiment; d'étudier et proposer les perfectionnements possibles dans l'art de construire; de propager l'emploi des meilleurs appareils et matières premières propres au bâtiment; de, quand elle en sera requise, donner son avis sur les questions se rattachant à la construction; de prononcer à titre d'expert ou d'arbitre sur toutes les contestations relatives à l'exécution ou à l'interprétation des marchés, au règlement des mémoires, etc.; d'établir chaque année, avec le concours des architectes de l'administration, une série de prix applicable aux ouvrages de bâtiment; enfin de rechercher et réaliser les mesures les plus propres à soutenir et développer la prospérité de la corporation.

Cette Société prendra le nom de Chambre syndicale des entrepreneurs de travaux de bâtiment de l'arrondissement de . . . . .

Elle pourra se fractionner par la formation de chambres succursales dans les divers cantons de l'arrondissement, mais ces chambres auront toutes une action commune et s'aideront réciproquement dans l'exercice de leurs fonctions.

Art. 2. — La durée de la Société est fixée à vingt-cinq ans, qui commenceront à courir du jour où elle sera constituée.

Art. 3. — Les entrepreneurs des travaux de bâtiment résidant dans l'arrondissement de . . . . . , pourront seuls faire partie de la Société, à la condition toutefois d'être patentés entrepreneurs et de jouir de l'exercice de leurs droits civils, et de verser entre les mains du trésorier une somme de   francs, à titre de mise sociale, accepter les présents statuts et prendre l'engagement de s'y conformer.

Art. 4. — Tout sociétaire pourra cesser de faire partie de la Chambre syndicale quand bon lui semblera, en prévenant le Conseil par une lettre. Cette lettre sera insérée au procès-verbal de la première séance qui suivra sa démission, mais il sera tenu au paiement de tout ce dont il sera débiteur envers la Chambre, et même de toute la cotisation de l'année dans laquelle il donnera sa démission.

Art. 5. — Tout membre qui viendra à être privé de ses droits civils pourra être rayé par le Conseil de la Chambre. Il en sera de même de tout membre qui ne se conformera pas aux statuts. (Voyez le chap. III *de la discipline*).

Art. 6. — Les dépenses sociales seront réparties également entre tous les membres de la Chambre.

Elles se composeront :

Du prix du loyer du local où siégera la Chambre, des appointements d'un secrétaire-adjoint, s'il y a lieu de le nommer, des frais de bureau, correspondance, etc. Toutefois les frais, qui dans chaque affaire seront payés à la Chambre par les parties, viendront en diminution de cette dépense annuelle, ainsi que les amendes, dont il sera parlé ci-après.

Tout membre qui adhère au présent acte en accepte les engagements.

Art. 7. — Afin que les membres de la Chambre soient constamment à la hauteur des devoirs de leur mission, il sera formé aux frais de la Chambre une collection de documents, soit en livres, soit en instruments, objets d'art relatifs au bâtiment, soit en échantillons de matières premières et appareils propres à la construction, dont le Conseil décidera l'acquisition ou qui pourront lui être offerts.

Art. 8. — Tous les membres de la Chambre, pendant tout le temps qu'ils en feront partie, auront la jouissance de cette collection de documents, mais sans transmission de ce droit à leurs héritiers.

Art. 9. — En aucun cas, les héritiers ou ayants-cause d'un membre de la Chambre, même en cas de minorité ou d'interdiction, ne pourront requérir l'apposition des scellés sur les papiers et valeurs de la Chambre syndicale; ils ne pourront également faire faire un inventaire, en un mot, faire la moindre opposition.

Art. 10. — La démission, le décès, ou tout autre fait donnant lieu à une radiation emportera, au profit de la Société, abandon de tous les droits du sociétaire démissionnaire ou exclu de l'actif social, en sorte que ledit membre ou ses ayants-cause n'auront aucun droit à exercer contre ladite Chambre.

Art. 11. — Pour encourager le perfectionnement des appareils, outils et matières premières propres à la construction, la Chambre accordera une mention honorable à tous les objets de cette nature qui mériteront cette distinction. De plus, elle autorisera les reproducteurs à les marquer d'une estampille qui lui sera propre.

CHAPITRE II.

Constitution, attributions et mode de fonctionnement.

Art. 12. — Les décisions de la Chambre sont prises, soit par la réunion de tous les membres, qui constitue l'Assemblée générale, soit par le Conseil, lequel est nommé par tous les membres, à la majorité, soit par le Bureau.

Art. 13. — L'Assemblée générale est composée de tous les membres. On ne pourra assister aux Assemblées générales qu'en personne et non par mandataire.

Art. 14. — Cette Assemblée sera présidée par le Président : en son absence par le vice-président ; en l'absence de l'un et de l'autre, par un membre du conseil, que désigneront les membres présents.

Art. 15. — L'Assemblée générale sanctionnera les mesures d'intérêt général adoptées par le Conseil.

BUREAU :

Art. 16. — Le Bureau sera composé :

D'un président,
vice-président,
syndic,
secrétaire,
trésorier,

Le Conseil sera composé de :

Quatre membres pour la		maçonnerie,
	Id.	menuiserie,
	Id.	serrurerie,
	Id.	peinture, décors,
Trois.	Id.	tôliers, zingueurs, fumistes,
	Id.	couverture,
Deux.	Id.	plâtrerie.

Art. 17. — Le Bureau exécute toutes les mesures adoptées tant par le Conseil que par l'Assemblée générale. Il convoque les Assemblées générales et celles du Conseil toutes les fois qu'il y a lieu de le faire ; il représente la Société et agit pour elle dans toutes les actions de justice, tant en demandant qu'en défendant, mais il ne peut faire aucun acte autre que ceux de pure administration, s'il n'y est autorisé par le Conseil.

Art. 18. — Les cinq membres dont se compose le Bureau se partagent également le pouvoir administratif, puisque le bureau n'adopte de mesures qu'à la majorité des voix.

Toutefois, chacun de ces membres a, en dehors de sa participation à l'adoption des mesures que le Bureau prend en commun, des attributions spéciales.

Le président dirige les délibérations, soit du Bureau, soit du Conseil, soit de l'Assemblée. Il convoque, de sa seule autorité, le conseil ou l'assemblée générale ; propose, à chacune de ces Assemblées, les mesures qu'il juge utiles ou dont la proposition est réclamée par la majorité du Conseil.

Le vice-président remplace le président dans toutes ses attributions, lorsque celui-ci le réclame, ou qu'il se trouve dans l'impossibilité d'assister à la réunion.

Le syndic propose au bureau toutes les mesures qu'il croit utiles, fait les rapports sur les faits dont la

Chambre a lieu de s'occuper, provoque les réunions extraordinaires, et, sous le rapport judiciaire, remplit, dans la Chambre, les fonctions de ministère public.

Le secrétaire rédige les procès-verbaux de la séance, les actes que la Chambre passe, et toutes les demandes et réclamations que la Chambre adresse à l'administration locale ou supérieure ou aux tribunaux. Il est également chargé de toute la correspondance de la Chambre syndicale.

Le trésorier perçoit les cotisations, paie les dépenses ordonnées par la Chambre, et administre les fonds de la société.

Art. 19. — Toutes les fois que la proposition d'une mesure quelconque rencontrera une résistance prononcée dans le Bureau, le président devra, au lieu de s'en tenir au vote de la majorité du Bureau, faire intervenir le Conseil, et au besoin l'Assemblée générale.

Art. 20. — Le Conseil délibère sur toutes les mesures d'intérêt général, et soumet celles qu'il adopte à la sanction de l'Assemblée générale. Aucune mesure de ce genre n'est exécutoire qu'après avoir été adoptée par le Bureau et sanctionnée par l'Assemblée générale.

Art. 21. — Chaque Conseil pourra se réunir pour la corporation à laquelle il appartient, après la demande faite au président.

Art. 22. — Les mesures d'intérêt général sont l'établissement d'une série de prix et l'entente parfaite d'une bonne exécution pour les statuts de la Chambre, le règlement et les peines disciplinaires.

Art. 23. — Le Conseil prononcera seul et définitivement sur toutes les affaires d'intérêt privé, telles que le règlement des mémoires renvoyés devant la Chambre par les tribunaux ou par les parties elles-mêmes.

Art. 24. — Afin de répondre parfaitement au mandat qui lui sera déféré en de telles circonstances, le Conseil se divisera en autant de commissions qu'il représentera de corps d'état, de manière à former une Commission pour la maçonnerie, une pour la peinture, etc.

Art. 25. — Les membres seront renouvelés par moitié tous les ans, et seront pris à peu près également dans les divers corps du bâtiment. Le sort désignera, chaque année, ceux qui devront être remplacés.

Art. 26. — Les membres sortants pourront être réélus immédiatement.

CHAPITRE III

Discipline de la Chambre.

Art. 27. — La Chambre exercera sur tous ses membres une action disciplinaire pour tout ce qui tiendra à l'ordre de ses délibérations et à l'honneur de la Chambre.

Art. 28. — Les peines disciplinaires sont :

1° Les amendes que pourront encourir, aux termes du règlement, les membres du Conseil ou de la Chambre; le montant de ces amendes sera versé dans la caisse sociale;

2° Le rappel à l'ordre;

3° Le rappel à l'ordre avec mention au procès-verbal;

4° L'exclusion.

Art. 24. — Le prix des amendes sera fixé par le Conseil dans une Assemblée convoquée à cet effet, ou dans une Assemblée générale.

Art. 29. — L'exclusion sera prononcée pour tous actes reprochés à un membre qui troublerait gravement l'ordre ou compromettrait l'honneur de la Chambre.

Art. 30. — L'exclusion ne pourra être prononcée que sur un exposé du syndic et par tous les membres du Bureau en présence du Conseil de la corporation du membre désigné.

CHAPITRE IV.

Assemblées générales.

Art. 31. — L'Assemblée générale se réunira quatre fois par an, aux époques déterminées par le Conseil ; elle pourra être convoquée extraordinairement par le président ou à la demande de la Chambre.

Art. 32. — L'Assemblée ne pourra délibérer qu'autant qu'il y aura de présents au moins deux tiers des membres de la Chambre. Si les deux tiers des membres n'étaient pas présents, une seconde convocation serait immédiatement faite, et les délibérations valables, quel que soit le nombre des membres présents.

Art. 13. — Aucune proposition écrite ne pourra être faite à l'assemblée générale sans avoir été préalablement communiquée au président, qui, avec l'avis du bureau, pourra décider que la proposition ne sera pas lue ; dans ce cas, il en réfèrera au prochain conseil qui en décidera.

Art. 34. — Le Conseil de chaque corps d'état se réunira périodiquement tous les mois, et extraordinairement sur la demande de quelques membres.

Art. 35. — De plus, on s'assemblera en Conseil judiciaire toutes les fois que l'exigeront les besoins du service.

Art. 36. — Les membres du bureau pourront se réunir sans le Conseil, à l'effet de se concerter sur l'administration de la Société et sur toutes les mesures ou arrêtés qu'ils devront proposer au conseil.

Art. 37. — Les membres du Bureau n'encourent aucune responsabilité par suite de leur gestion.

DEUXIÈME PARTIE

ORGANISATION D'UNE CHAMBRE SYNDICALE

Explication des Statuts.

Le principal soin d'une Chambre syndicale doit être de marquer sa présence par des actes d'utilité publique. Aussi le premier devoir que prescrivent les statuts est de « veiller aux intérêts généraux des propriétaires « et des constructeurs de bâtiments. »

Cet objet qui au premier abord peut paraître vague aux débutants du syndicat est au contraire très-précis et d'une application fréquente. En effet, flattant le penchant qu'ont les propriétaires à pousser l'économie jusqu'à l'excès, des novateurs peu consciencieux proposent à chaque instant de nouvelles matières d'imitation, de nouveaux moyens de faire les divers ouvrages de bâtiment, affirmant que les ouvrages ainsi faits sont aussi solides que ceux exécutés par les moyens ordinaires. Naturellement la généralité des propriétaires se laissent séduire, parce qu'ils voient là une économie qu'ils croient sérieuse et qu'aussi il est impossible d'apprécier à première vue la solidité des produits de cette nature, pour ceux surtout qui sont étrangers à la construction. Bon nombre d'entrepreneurs, d'ailleurs, se prêtent à cet égard au désir des propriétaires dans la crainte qu'ils ne fassent faire par d'autres le travail qu'ils refuseraient. Il en est même qui par défaut de savoir ou par paresse d'étudier, se laissent eux-mêmes induire en erreur.

Si bien que les mauvaises matières, les mauvais procédés de travail, se propagent rapidement, et le plus souvent, hélas, d'une manière irréparable !

Je ne veux faire ici la guerre à aucun produit, à aucun fabricant, à aucun inventeur, mais si ceux qui me lisent veulent passer en revue toutes les innovations que l'on a introduites dans le bâtiment depuis quelques années, ils reconnaîtront que la plupart ont été funestes aux propriétaires qui les ont acceptées.

Les voûtes économiques, la plupart des essences substituées à celle de térébenthine, les murs économiques, les mille systèmes de réservoirs, divers procédés de couvertures, etc., etc., en fournissent des exemples sans nombre.

Or, il est certain que si un corps faisant autorité par le nombre de ses membres, par leurs connaissances spéciales, et par leur vigilance, avait, à chaque innovation dangereuse, mis en garde le public contre des attractions funestes, les innovateurs auraient été écartés, et tout le monde serait resté fidèle aux matières solides et au travail durable.

Je recommande fortement aux Chambres, de récente création de suivre de près toutes les innovations proposées en matière de produits et de travail de bâtiment et de s'empresser d'éclairer le public sur les défauts de celles qui n'auraient pas les caractères voulus de solidité, de commodité et de salubrité.

Les deux prescriptions qui suivent dans l'article 1er, sont le corollaire et le complément naturel de la précédente : En effet, il ne suffit pas de signaler aux propriétaires les inconvénients attachés à certains produits et à certains modes de travail, il faut encore leur indiquer les matières, et les moyens d'exécution les plus convenables. Une Chambre syndicale, disent les statuts, a encore pour objet « d'étudier ou proposer les perfec« tionnements possibles dans l'art de construire et de « propager l'emploi des meilleurs appareils et matières « propres au bâtiment. »

Une Chambre syndicale n'aura que rarement, au début de sa carrière, l'occasion de s'occuper du quatrième point de sa mission qui est « quand elle en « sera requise, de donner son avis sur les questions se « rattachant à la construction. » — En effet, les administrations et les propriétaires à leur exemple, ont coutume de s'en remettre entièrement aux architectes du soin de régulariser leurs projets, d'arrêter les plans de leurs ouvrages, et de choisir les modes d'exécution, et il est difficile partout de déplacer cette confiance. Cependant, comme fort souvent Messieurs les architectes apportent à l'étude des projets qui leur sont confiés, la légèreté et l'indifférence habituelles aux personnes qui tiennent un travail, et ne sont soumis à aucun contrôle, les critiques que soulevent leurs fautes, feront tôt ou tard prêter l'oreille aux conseils des praticiens, et toute Chambre syndicale qui aura soin de présenter ses observations sur toutes les affaires mises à l'étude, arrivera promptement à se faire apprécier et aura bientôt voix délibérative aux conseils des travaux. Ce sera, certes, un grand bien pour le pays et pour les contribuables, car tout projet gagne à être contrôlé par un grand nombre de personnes, et ce sont souvent des hommes très-modestes, très-peu lettrés même qui apportent d'excellentes idées.

Et qui peut mieux qu'un corps d'entrepreneurs de bâtiments, voués depuis leur enfance à la construction de maisons, au redressement des rues et des places publiques, donner des conseils utiles sur les projets de travaux se rattachant à leur industrie! Ce mérite spécial sera partout approuvé tôt ou tard. Mais afin de hâter ce résultat, il est nécessaire que le président, le syndic et les membres les plus actifs de la Société veillent sans cesse et proposent leur avis d'accord avec la Société.

Partie Juridique de la Mission.

J'arrive à la partie essentielle de la mission des Chambres syndicales, l'expertise et l'arbitrage :

« L'objet d'une Chambre syndicale est encore, di-« sent les statuts, de prononcer, quand elle en sera « requise, à titre d'expert, sur les contestations rela-« tives à l'exécution ou à l'interprétation des marchés, « au règlement des mémoires. »

Les membres des Chambres doivent sentir que pour s'élever à la hauteur de cette mission qui n'est rien moins qu'une magistrature passagère, ils ne peuvent y donner trop de soin et avoir trop de tenue, afin 1° de rendre bonne et intelligente justice; 2° d'inspirer au public la confiance, et de s'attirer l'autorité nécessaire pour le but qu'elles se proposent.

Les premières instructions à cet égard leur sont données par le Code de procédure : Ils doivent n'être experts dans aucune affaire où l'une des parties soit un de leurs parents, ou co-intéressés ou même notoirement amis.

De plus, du moment qu'ils sont commis-experts, ils doivent éviter et refuser d'avoir aucuns rapports avec l'une ou l'autre des parties séparément, et ne les convoquer et ne les recevoir que toutes les deux en même temps.

A toutes les visites qu'ils feront aux travaux, objet de contestation, ils entendront également les deux parties, les laisseront s'expliquer tour à tour sans trouble ; et mentionneront avec soin leurs observations et dires réciproques, sans jamais leur laisser entrevoir leur propre opinion.

Dans toutes leurs opérations, ils manifesteront la plus stricte neutralité, seront sobres de paroles, et s'attacheront à maintenir leur dignité. Rien n'est indifférent dans ces circonstances, la réserve, l'abstention de toute familiarité, la tenue, l'habillement même, tout doit être aussi convenable que possible.

Procès-verbaux à signer en commun.

Pendant tout le cours de leurs opérations les experts en rentrant chez eux classeront les renseignements qu'on leur aura communiqués, les notes qu'ils auront prises sur place, en un mot, tous les éléments du rapport à rédiger en commun, et enfin ils se réuniront pour rédiger ce rapport, qui sera le couronnement de leur travail.

Série de Prix.

La série de prix est la sauvegarde des entrepreneurs et des propriétaires. Elle fournit un moyen d'évaluer avec certitude les travaux projetés, une base de règlement pour les travaux exécutés, une règle pour l'évaluation des travaux en cas de contestation ; en un mot, un élément de conciliation entre les patrons et les ouvriers, en cas de prétentions exagérées des uns ou des autres.

Un livre qui a une si grande importance doit évidemment avoir tous les caractères d'une exactitude incontestable et manifeste. Les Chambres doivent donc apporter le plus grand soin à sa rédaction.

A cet effet, elles chargent du soin de l'établir les membres les plus expérimentés de chaque corps d'état ; le travail de ces Commissions est révisé ensuite par l'Assemblée générale, soumis à l'approbation des architectes de la localité, et enfin, la série est imprimée, déposée, publiée et répandue en aussi grand nombre que possible. (On trouve plus loin, au règlement, page 44, la marche qui doit être suivie pour ce travail.)

Mais c'est ici le lieu de parler de la valeur qu'ont les séries de prix des Chambres syndicales.

Les travaux de bâtiment sont payés, soit sur prix convenu d'avance, soit à leur valeur réelle, sans convention préalable.

Quand les prix sont arrêtés d'avance, il est clair qu'il ne peut y avoir lieu à aucune contestation. Le propriétaire et l'entrepreneur ayant débattu leurs conditions sur une base quelconque, une fois le traité fait et signé, l'un et l'autre ne peuvent que s'y soumettre.

Mais quand la construction se fait sans conventions préalables, les ouvrages doivent être payés à l'entrepreneur *d'après les usages de la localité*; et si une difficulté s'élève sur la détermination de ces prix, l'expert commis par le tribunal est *tenu* de se conformer à cet usage.

Or, la série de prix est précisément la *formule de l'usage local*, et, à ce titre, elle fait loi incontestablement dans toutes les affaires exécutées sans conventions préalables.

Elle a d'ailleurs un autre caractère d'autorité, c'est d'être publiée par la Chambre comme la condition que mettent les membres à l'exécution des travaux dont ils pourront être chargés.

Elle les oblige, puisqu'elle est publiée en leur nom, en vertu de statuts qu'ils ont acceptés, et suivant la forme déterminée par ces statuts (1).

Elle oblige les propriétaires, puisqu'elle est publiée et déposée aux tribunaux civil et de commerce et à la justice de paix, et dans toutes les administrations publiques. Ainsi donc, autant comme loi d'usage que comme condition générale et publique, stipulée pour tous les travaux, la série de prix de la Chambre syndicale, *à défaut de conventions particulières,* fait loi pour les entrepreneurs comme pour les propriétaires.

L'autorité exclusive dont a joui, à Paris et aux envi-

(1) Il est bon, du reste, que tous les membres signent, pour acceptation, un exemplaire de la série de prix qui reste déposé à la Chambre.

rons, la série de prix de la préfecture de la Seine, pourrait donner prétexte à contester les principes que je viens d'émettre sur l'autorité d'une série de prix du syndicat dans une localité quelconque; mais il suffira d'exposer ce qui s'est passé à cet égard pour fixer l'opinion.

Il y a vingt ans environ, un sieur Morel, employé au ministère des travaux publics, et, comme tel, chargé de classer, réunir, chaque année, les prix auxquels étaient adjugés les travaux publics, eut l'idée de publier ce recueil. Cet opuscule parut d'abord sous le nom de *cahier Morel*. Comme il était le seul document de ce genre jouissant de quelque notoriété, il se propagea rapidement et devint, par ce seul fait, la base d'évaluation des travaux publics.

Soumis aux tribunaux, qui n'avaient aucune autre base de règlement, il fut indiqué par eux comme la loi des expertises, et forma ainsi *la loi d'usage*.

Si, à ce moment, les Chambres syndicales de Paris avaient publié et propagé une série de prix exacte, explicite et complète, cette publication se serait sans nul doute substituée au cahier Morel, ou plutôt ce cahier n'aurait acquis ni la notoriété, ni l'autorité dont il n'a pas de raison de jouir. Mais à cette époque, les Chambres syndicales de Paris sommeillaient, dominées par un agent qui tremblait qu'on ne supprimât ces Sociétés, simplement tolérées alors (1), et qui affectait bien plus de frayeur encore qu'il n'en éprouvait. Les Chambres syndicales de Paris donnaient à peine signe de vie. Elles laissèrent donc la série de prix s'asseoir entièrement.

(1) Et qui ne sont rien de plus aujourd'hui.

D'un autre côté, les vérificateurs de bâtiments, qui trouvaient dans cet ouvrage un moyen tout commode de régler les mémoires, — énorme simplification de travail et de plus, élément de science pour les ignorants, — l'appliquaient à tous les ouvrages qu'ils étaient chargés d'estimer.

Par les mêmes motifs, et dans un intérêt tout personnel et très-complexe qu'il est inutile d'expliquer ici, les vérificateurs de la Ville s'adjoignirent à M. Morel pour la rédaction de la série de prix, et d'une manière tellement notoire, que cet ouvrage ne fut bientôt connu que sous le nom de *Tarif de la Ville.*

Jusque-là, c'était vraiment l'*usage seul* qui faisait l'autorité de ce livre; hâtons-nous de dire, d'ailleurs, que, tant que M. Morel vécut, ses rapports avec les entrepreneurs le mirent à même de rendre son tarif exact, et il eut assez d'autorité sur ceux qui l'aidaient à le rédiger, pour faire prévaloir les évaluations équitables qu'il puisait dans les renseignements des praticiens qu'il consultait à part.

Au commencement de l'année 1857, M. Morel mourut. Alors, grand émoi dans le bureau de vérification. Comment faire vivre la précieuse taxation, lorsque disparaissait celui qui la dressait chaque année? comment s'avouer les auteurs d'une série d'évaluation, quand on était la préfecture, et qu'on allait donner à cette publication un caractère officiel? Les moins scrupuleux eux-mêmes hésitèrent, mais enfin, l'intérêt matériel et l'appât de la domination l'emportèrent; on se décida donc, et voici la combinaison que l'on adopta: MM. Cusse et Marchal achetèrent de madame veuve Morel le privilége d'auteur qu'elle venait d'hériter de son mari On se demande en quoi consiste la propriété qu'on achetait, car il n'y a là ni œuvre littéraire ni œuvre scientifique. Le tarif Morel n'était qu'une énumération des ouvrages de bâtiments désignés par les noms et explications éternellement usités en bâtiment et disposés, au moyen d'accolades, comme tous les tableaux imaginables ; on ne comprend guère de quoi madame Morel cédait la propriété à MM. Cosse et Marchal. Il est évident que les acquéreurs créaient le fantôme d'un droit d'auteur pour se l'approprier moyennant un revenu qu'ils savaient devoir être bien faible en comparaison du produit que donnerait la vente de l'ouvrage. Du reste, le traité d'acquisition fait par ces éditeurs était très-habile ; car, connaissant la timidité des entrepreneurs, et comptant sur l'appui de l'autorité, ils étaient bien certains d'empêcher de publier, au moins pendant un grand nombre d'années, aucune série de prix divisée par accolades, et ressemblant, même de loin, à la leur. Cette prétention a été poussée beaucoup plus loin qu'on ne pourrait le croire, car toutes les personnes qui ont voulu publier des séries de prix de bâtiment d'une forme quelconque, ont été inquiétées, et plusieurs empêchées. Pour ma part, lorsque j'ai publié mes séries de prix de 1859, j'ai rencontré l'opposition très-énergique de M. Cosse. Il est vrai que j'ai passé outre, mais enfin, il me fit des menaces qui auraient certainement effrayé une personne moins au courant que je ne l'étais des droits des éditeurs en matière d'impression.

L'acquisition, par MM. Cosse et Marchal, du droit de madame Morel, créait donc un obstacle sérieux à toute publication de série de prix, mais la préfecture lui donna une bien autre force.

D'abord, le Bureau de vérification s'en déclara

l'auteur, elle prenait ainsi un caractère officiel.

Enfin, elle fut ornée de l'*approbation* de M. Haussmann.

Elle parut donc avec le titre que voici :

PRÉFECTURE DU DÉPARTEMENT DE LA SEINE

VILLE DE PARIS.

Prix de règlement applicables aux travaux exécutés en 1857

Etablis par le Bureau de vérification et du règlement de la préfecture de la Seine

APPROUVÉS PAR M. LE PRÉFET DE LA SEINE.

Ainsi, propriété de riches éditeurs, qui faisaient prévaloir leur droit à s'opposer à la publication de tout ouvrage analogue, et y étaient aidés par la préfecture de la Seine et de police ;

Etablie par le Bureau de vérification de la préfecture de la Seine, qui la signait comme auteur ;

Patronnée par le préfet, dont l'approbation s'étalait sur la couverture du livre ;

Comment la série de prix de la Ville de Paris, n'aurait-elle pas exercé sur le règlement des travaux de bâtiment une domination absolue ?

Jamais, on ne vit un abus de pouvoir plus révoltant. Aussi, les entrepreneurs de Paris protestèrent énergiquement, mais que pouvaient faire ces dix mille pots de terre, contre l'énorme pot de fer qui étouffait toutes les plaintes. La série de prix de la préfecture domina donc souverainement.

Cependant, tout despotisme s'use tôt ou tard... Les plaintes de la corporation du bâtiment, l'embarras du préfet de police, que la taxation officielle gênait dans les efforts qu'il faisait pour obtenir l'augmentation de salaire des ouvriers; la publicité donnée à tous ces faits, inquiétèrent le ministère d'Etat, qui demanda des explications. — Les réponses que fit le Bureau de vérification, étaient à la fois si audacieuses et si évasives, que l'autorité supérieure ne tarda pas à ne plus s'en contenter. Elle exigea qu'on mît un terme aux causes du mécontentement des entrepreneurs.

Il fallut céder. Mais comment céda-t-on? On ajouta au titre de la série de la Ville une petite ligne, indiquant que cette série n'était applicable qu'aux travaux exécutés pour le compte de l'administration!

Mais, le mal produit par la publicité, pendant sept ans de cette série de prix comme applicable à tous les travaux exécutés dans le département de la Seine, était loin d'être réparé. Les architectes, les vérificateurs, les experts même des tribunaux n'en continuaient pas moins d'appliquer la série préfectorale au règlement des travaux exécutés pour le compte des particuliers.

La Chambre syndicale protesta, mais elle ne put le faire que timidement, dominée qu'elle était par la crainte d'être supprimée. La série de prix continua donc sa domination dans le département de la Seine.

Que dis-je, elle l'étend jusque dans les autres départements, et cela se conçoit. La plupart des architectes de province ont étudié à Paris, ils ont donc l'habitude de régler les mémoires comme on les règle à Paris.

Mais grâce à Dieu, cette prétention ne tiendra nulle part en face des séries de Chambres syndicales.

Déjà, dans toutes les villes où il existe de ces Chambres, elles ont fait admettre leur série de prix, comme loi d'usage et comme unique base de règlement.

Il en sera de même partout où des Chambres régulièrement constituées, publieront des séries de prix, conformément aux règles indiquées par leurs statuts (1) organiques et à leur règlement.

La dernière portion de la mission dévolue aux Chambres syndicales par leurs statuts, est formulée par ces mots : « rechercher et réaliser les mesures les « plus propres à soutenir et développer la prospérité « de la corporation. »

Toutes ces mesures peuvent se résumer en ce peu de mots : *La fidèle et intelligente exécution des engagements de toute nature que contractent les entrepreneurs.* La Chambre devra donc user de toute son autorité pour ramener à ce principe fondamental tous ceux de ses membres qui chercheraient à s'en écarter, entraînés malheureusement par une faute qui est la cause première de tout le désordre : Je veux dire l'excès de la concurrence.

Du moment que les prix applicables aux travaux sont loyalement basés sur le cours des matières premières et de la main-d'œuvre, l'entrepreneur qui, pour enlever les affaires, offre de forts rabais, se met dans la nécessité de tromper sur la qualité et sur la quantité. De là, des plaintes légitimes. Les propriétaires n'admettent pas deux natures de travaux en matière de bâtiment ; à leur avis, tous les ouvrages doivent être faits de la même manière, avec la même solidité et la même perfection, et quel que soit le rabais qu'ils obtiennent, ils entendent avoir droit aux mêmes ou-

(1) Ces règles sont exposées au chapitre du règlement, p. 44 et 51.

vrages que s'ils payaient le prix de la série sans rabais. Il est vrai qu'ils sont entretenus dans cette opinion par les rabaissiers, toujours empressés à affirmer que le travail fait au rabais sera parfait, et en tout semblable au travail fait sans rabais. — Le devoir d'une Chambre syndicale est de dissiper cette erreur, et à vrai dire, elle n'aura pas de peine à y réussir. Quand la série de prix aura la notoriété voulue et que le public sera bien instruit de la manière dont elle aura été établie, il comprendra que les rabais sur ces prix entraînent forcément la fraude. Les propriétaires savent bien que quand ils achètent une montre, une pendule, un piano, un vêtement, la qualité de ces objets est proportionnée à leur prix ; il n'aura donc pas de peine à comprendre qu'il en est de même des ouvrages de bâtiment. Il y en a pour toutes les bourses.

La Chambre devra proclamer hautement et vulgariser cette idée, puis l'appliquant dans toutes les contestations qui s'élèveront sur le prix des ouvrages, elle devra sévir rigoureusement contre tous les entrepreneurs qui feront de mauvais travail même à des prix inférieurs.

Alors, la sincérité, l'équité reviendront dans les transactions. En exigeant des rabais, les propriétaires s'entendront avec les entrepreneurs sur la nature et la qualité des ouvrages qu'ils devront attendre, et les entrepreneurs pourront, tout en faisant à meilleur marché, s'exécuter loyalement, puisqu'ils fourniront ce qu'ils auront promis.

Cette loyale exécution des conventions et aussi l'accomplissement de tous les engagements contractés par les entrepreneurs, ramèneront la confiance du public, tristement hélas ! trop tristement perdue depuis quelques années. Au discrédit funeste qui pèse sur l'industrie du bâtiment, succédera le crédit auquel donnent droit le respect habituel de sa parole et de ses promesses.

Cotisations.

L'article 3 stipule l'obligation pour tous les membres de la Chambre, de participer également aux dépenses sociales. Ces dépenses sont peu élevées, elles sont d'ailleurs votées par l'Assemblée générale, de sorte que chaque sociétaire participera à la détermination de la dépense et par suite des cotisations annuelles.

Du reste, nous ne pouvons trop inviter les membres de la Chambre à ne pas pousser trop loin la réduction de cette cotisation. En la portant à 0,50 centimes par mois pendant la première année, ils feront face à tous les besoins de leur Société ; et de bonne foi, cette dépense pour des hommes établis, accoutumés à un roulement de frais — (dont beaucoup ne sont pas aussi utiles) — 50 centimes par mois sont un chiffre insignifiant.

Du reste, les dépenses sociales se réduiront à l'achat de quelques livres (codes expliqués, — traités de métrage), et à l'abonnement à quelques journaux de spécialité. — *Journal des peintres, Modèles de menuiserie,* etc.

Ces acquisitions et abonnements sont vraiment indispensables, parce qu'ils seront le principal attrait qui fera venir les membres de la Chambre au siége de la Société, leur fournira des sujets d'entretiens intéressants et instructifs, et les élèvera peu à peu à la hauteur de leur mission.

Il se formera ainsi à la longue un noyau d'hommes

instruits sur tout ce qui rattache aux lois des bâtiments, aux règles administratives, etc., et par eux, la Chambre d'abord, et ensuite la corporation toute entière se relèveront complétement du rang relativement subalterne qu'elles occupent dans le monde.

La collection d'échantillons de matières premières et appareils prescrite par l'article 11 des statuts, contribuera au même résultat, et nous la recommandons fortement à toutes les Chambres.

Le mécanisme du fonctionnement de la Chambre, est suffisamment indiqué par les articles 12 à 21. J'ai peu de chose à y ajouter. Cependant je vais donner quelques explications sur le caractère des membres du Bureau.

L'essence de la mission du Président peut s'exprimer en deux mots : Il est en toutes circonstances l'intermédiaire entre la Chambre et l'autorité ou le public, et les entrepreneurs, et le gardien des statuts et du règlement.

Il doit donc, avant tout, jouir de l'estime publique et de la considération de ses confrères.

C'est ce double mérite, plutôt que par des connaissances spéciales, qui doivent lui mériter le choix de la Chambre.

Le Vice-Président est appelé à remplacer le Président, toutes les fois que celui-ci est absent ; cependant il est toujours désirable qu'il ait des connaissances pratiques, moins nécessaires chez le Président. De cette façon, il dirigera plus particulièrement le fonctionnement intérieur de la Chambre, le travail des Commissions pour la série de prix et les expertises, toutes les opérations professionnelles en un mot.

Le syndic est l'âme du mouvement de la Chambre. Recueillant constamment les observations de ses collègues et l'opinion du public sur tout ce qui se rattacherait aux travaux de construction, il doit proposer et soutenir les diverses mesures que commandent les circonstances, et les développer devant l'Assemblée générale.

Il doit également être instruit de toutes les expertises confiées à la Chambre et, au besoin, prendre part à la direction qu'on leur imprime, alors surtout que ceux qui en sont chargés n'ont pas une grande habitude de ces opérations.

Le secrétaire doit être un homme d'ordre, ayant l'habitude de conserver et de classer toutes les pièces de quelque importance. Il y a des gens instruits, intelligents, parlant et écrivant facilement qui feraient de très-mauvais secrétaires, parce que aussitôt qu'ils ont expédié une affaire, ils n'en conservent pas trace, et laissent toutes les pièces au hasard; et si plus tard il devenait utile de revoir ce qui a été fait, ils n'ont rien à produire.

Les fonctions de trésorier qui semblent ne demander d'autre mérite qu'une solvabilité parfaite, exigent au contraire beaucoup de zèle et de persévérance. En effet, dans toutes les Chambres, il y a des membres qui ont le tort inqualifiable de négliger de verser leurs cotisations, et même qui y mettent de la mauvaise volonté. Ces refus de payer la misérable somme que coûte une Société si précieuse pour les entrepreneurs sont inconcevables, mais enfin ils se reproduisent partout, et pour les vaincre, le trésorier a besoin de beaucoup de patience et d'une certaine habileté.

Avec un trésorier intelligent et prévoyant, il y aura toujours en caisse de quoi faire face à tous les besoins; un trésorier insoucieux ou peu patient, au contraire, sera toujours pris au dépourvu.

Après avoir exposé les divers mérites qui doivent caractériser chacun des membres du Bureau, il ne me reste qu'un mot à dire sur les personnes, c'est que, quel que soit le grade donné aux membres les plus zélés, ils rendront de grands services à leur Chambre et contribueront puissamment à l'autorité qu'elle doit conquérir dans le pays.

RÈGLEMENT

D'UNE CHAMBRE SYNDICALE DE BATIMENT

CHAPITRE PREMIER.

Mission de la Chambre.

Article 1er. — Tous les membres de la Chambre syndicale doivent observer le mode de construction, suivi dans la ville et la contrée où s'étend son ressort, et signaler au syndic les modes de travail vicieux et l'emploi des matériaux mauvais.

Le syndic recueillera toutes ces observations et les communiquera toutes, sans exception, au Bureau, puis au Conseil et à l'Assemblée générale.

Après que son rapport aura été ainsi approuvé par les diverses fractions de la Chambre, et qu'elles auront donné leur avis sur l'utilité de produire ces observations, et sur le moyen de le faire, le Président exécutera cette décision en les adressant aux autorités et aux personnes intéressées dans ces questions, par la voie des journaux ou par des circulaires ou des brochures.

Art. 2. — Chaque année, le Président après la préparation des comptes avec le Trésorier, proposera à l'Assemblée générale d'affecter une certaine somme à l'acquisition de livres de jurisprudence et d'architecture, à l'abonnement de journaux spéciaux, et à l'achat de modèles et d'échantillons de matières, et d'appareils propres à la construction.

Art. 3. — Il adressera en même temps aux autorités locales, avec le compte-rendu des travaux de la Chambre pendant l'année écoulée, l'invitation de contribuer pour le musée et la bibliothèque de la Chambre.

Art. 4. — Il écrira également à tous les fabricants, et marchands d'appareils et de matières propres à la construction, pour leur faire comprendre l'intérêt qu'ils ont à offrir à la Chambre des échantillons de leurs produits, afin qu'ils soient exposés avec une légende expliquant leur mérite et leurs avantages.

Art. 5. — Des réunions spéciales auront lieu à la Chambre syndicale pendant toute l'année, mais notamment pendant la saison d'hiver, pour conférer sur les livres, journaux, échantillons et autres objets propres à l'étude de l'art de bâtir.

Art. 6. — Une Commission permanente, nommée à cet effet, stimulera les membres de la Chambre à assister à ces conférences, invitera les membres les plus éclairés à étudier, pour les expliquer à la Société, toutes les matières propres à faire connaître à fond les lois de la construction, distribuera les parties dont chacun devra être chargé, et activera cette étude par tous les moyens possibles.

Art. 7. — Le secrétaire-adjoint devra plus particulièrement participer à cet enseignement mutuel, soit en acquérant une parfaite connaissance des livres, journaux et objets déposés à la Chambre, soit en faisant part de ses connaissances à la Société.

Art. 8. — Des personnes étrangères à la Chambre, des avocats, architectes, ingénieurs, fabricants ou autres, pourront être invités à venir faire des conférences à la Chambre.

Art. 9. — Il sera formellement interdit de s'occuper, dans ces réunions, de matières étrangères à la jurisprudence du bâtiment et à l'art de construire.

Art. 10. — Les conférences exceptionnelles seront annoncées à tous les membres de la Chambre, par lettres circulaires, dans lesquelles on indiquera les matières qui y seront traitées, et les personnes qui prendront la parole.

Art. 11. — Le bureau et le syndic, en particulier, suivent de très-près tous les événements susceptibles d'intéresser l'industrie du bâtiment, tels que les coalitions d'ouvriers, les projets, soit de modification des droits d'octroi, soit de réforme des règlements de voirie, soit d'exécution de grands travaux publics.

Ils se mettront, dans toutes ces circonstances, en rapport avec les autorités locales et leur fourniront tous les documents propres à élucider ces diverses questions.

Art. 12. — A chaque Assemblée générale, le compte-rendu des travaux contiendra une note à cet égard, que la Chambre ait eu ou non l'occasion d'intervenir dans les faits de cette nature.

Arbitrages et expertises.

Art. 13. — Lorsqu'un propriétaire et un entrepreneur soumettront spontanément à la Chambre syndicale une contestation sur le règlement d'un mémoire, ou sur l'allégation de malfaçons ou de vices de construction, l'affaire sera portée devant une Commission par l'ordre du Président.

La Commission entendra les explications sommaires qui lui seront données par les parties, et lorsqu'elle aura reconnu que les faits sont parfaitement de sa compétence, elle invitera les parties à signer un compromis, par lequel elles saisiront régulièrement la Chambre syndicale de leur contestation, et verseront chacune ... francs pour droits de Chambre et s'engageront à se soumettre à sa décision.

Art. 14. — Aussitôt munie de ce pouvoir, la Commission examinera attentivement toutes les pièces, visitera s'il y a lieu les ouvrages et préparera sa sentence, laquelle sera ensuite déposée à la Chambre pour être soumise au Bureau. Lorsque ces opérations auront été faites régulièrement, et sans soulever de réclamations apparemment fondées, le Bureau ordonnera de convoquer les parties, et la Commission leur communiquera sa sentence.

Art. 15. — S'il arrive qu'une des deux parties refuse de se soumettre à la sentence de la Commission, le Président fera donner acte à la partie adverse de son acceptation et remettra une expédition de la décision de la Chambre, revêtue du cachet de la Société et signée de tous les membres de la Commission, afin qu'elle en requière l'exécution par les voies de droit.

Art. 16. — Lorsqu'une contestation de la compétence de la Chambre syndicale sera renvoyée devant elle, par un juge de paix, ou par le tribunal de Commerce, ou par le tribunal civil, cette contestation sera, comme dans le cas précédent, soumise à une Commission par ordre du Président.

Le demandeur devra, en faisant inscrire l'affaire,

remettre une copie de l'assignation contenant sa demande, son mémoire et autres pièces, et verser une provision.

Art. 17. — En raison des frais imminents, la Commission devra, aussitôt qu'elle aura instruit l'affaire, inviter les parties à se concilier.

Toutefois, dans ces tentatives de conciliation, la Commission devra éviter d'exercer aucune pression sur l'une ou l'autre des parties.

Art. 18. — Dans les efforts qu'elle fera pour concilier les parties, la Commission devra toujours chercher à les amener à une transaction conforme aux droits de l'une et de l'autre. Elle abuserait de son pouvoir, si, même dans le but d'éviter les frais de procédure, elle engageait l'une d'elles à renoncer à des prétentions fondées.

Art. 19. — Tout membre qui serait parent de l'une des parties, ou lié d'intérêt avec elle devrait se récuser. Le Bureau devra toujours inviter les divers membres de la Chambre à le renseigner sur les faits qui pourraient donner droit de récuser quelque membre d'une Commission.

Art. 20. — Lorsque la Commission reconnaîtra l'impossibilité de concilier les parties, elle préparera dans un travail commun, les éléments de son rapport, et chargera l'un de ses membres de le rédiger. Celui auquel aura été confié ce travail le terminera aussi promptement que possible et le soumettra à ses collègues, qui le discuteront et y feront au besoin opérer les changements qu'ils jugeront nécessaires. Puis, quand il sera adopté par la majorité d'entre eux, les parties seront convoquées de nouveau.

Art. 21. — Alors encore la Commission leur demandera si elles veulent transiger, charger la Commission de leur arbitrage, et accepter sa décision, en se mettant d'accord sur les frais.

Art. 22. — Si ce compromis se fait, la Commission, après qu'il sera signé, donnera lecture des conclusions de son rapport, et la sentence sera exécutée sur-le-champ ou une expédition du rapport sera remise à chacune des parties.

Art. 23. — Si toute transaction est impossible, la Commission adressera son rapport au Président, qui le fera déposer au tribunal d'où sera venue l'affaire.

Quant aux formalités relatives à l'expédition et au dépôt du rapport, elles seront réglées par des dispositions particulières et conformes d'ailleurs aux stipulations du Code de procédure.

Art. 24. — Si dans le cours des opérations d'une Commission d'expertise, des réclamations fondées en apparence, étaient adressées au Président de la Chambre, il devrait adjoindre un ou plusieurs membres à cette Commission. Les opérations seraient reprises par tous les membres de la Commission ainsi complétée.

Art. 25. — Les membres chargés d'expertise auront droit à être payés de leurs vacations. S'ils y renoncent, le prix de ces vacations ne sera pas moins perçu par le Bureau pour être affecté à l'emploi indiqué plus bas, art. 38.

Art. 26. — Lorsqu'une Chambre syndicale aura des succursales, les Commissions devront, dans toute affaire de quelque importance, être tirées de deux Chambres. A cet effet, le Président de la Chambre dans le ressort de laquelle se trouvera l'objet du débat, s'adressera au Président d'une autre chambre, qui lui enverra un de ses experts. — Dans les affaires majeures, on prendra un membre dans chacune des Chambres.

CHAPITRE II.

Série de prix.

Art. 27. — Aussitôt qu'une Chambre syndicale de bâtiment sera organisée, le Président convoquera en même temps tous les Conseils : il leur annoncera que le moment est venu de procéder à l'établissement de la Série de prix. Il leur rappellera l'intérêt qu'ils ont à établir cette Série avec une parfaite exactitude.

Il consultera chaque Conseil sur les jours et heures auxquels il conviendra de fixer leurs réunions, pour l'élaboration de la Série de prix, et ces jours seront fixés immédiatement.

Art. 28. — Les Conseils voteront en même temps les mesures nécessaires pour assurer l'exactitude des divers membres à se rendre aux réunions, telles que rappel à l'ordre, amendes, et même exclusion.

L'Assemblée générale sera ensuite convoquée pour entendre proposer ces diverses mesures. En présence de l'Assemblée générale, chacun appuiera ou combattra les mesures proposées ; les membres du Conseil surtout, que doivent atteindre les mesures disciplinaires, donneront leur avis sur celles qui seront proposées.

Art. 29. — S'il arrive que des membres du Conseil soient déterminés par les mesures disciplinaires à donner leur démission, on procédera séance tenante à leur remplacement.

Art. 30. — Le Conseil ainsi réglementé s'occupera de l'élaboration de la Série de prix, chacun des membres apportant à toutes les réunions la partie de ce travail qu'il aura préparée, et les documents qu'il sera en mesure de fournir à l'appui.

Art. 31. — Quand les diverses branches du Conseil auront terminé leur projet de Série de prix, ce projet sera soumis à l'Assemblée générale convoquée à cet effet, et elle adoptera la Série à la majorité relative.

Art. 32. — Si des membres de l'Assemblée générale trouvent certains prix inexacts, ils proposeront de les modifier ; une courte délibération aura lieu sur chacun des prix critiqués, et la majorité prononcera.

Art. 31. — L'Assemblée générale sera consultée sur le mode de publication de la Série de prix ; soit qu'elle la fasse imprimer à ses frais, en se réservant de la vendre, soit qu'elle traite avec un tiers pour cette impression, moyennant un prix convenu, auquel on pourra ajouter le droit exclusif de vendre l'ouvrage.

CHAPITRE III.

Admission de nouveaux membres.

Art. 34. — Tout entrepreneur qui sera disposé à faire partie de la Chambre syndicale, en fera la demande par lettre adressée au Président. Cette lettre exprimera le désir du postulant, la demande d'admission, et la prière au Président de présenter cette demande au prochain Conseil.

Cette lettre sera en effet présentée à la réunion du Conseil qui suivra. On examinera sommairement la position du postulant, et on nommera une Commission de deux membres pour prendre les renseignements nécessaires sur sa position civile et industrielle.

Art. 35. — S'il y avait lieu de le refuser, avis lui en serait donné immédiatement, par une lettre indiquant les motifs du refus. Toutefois, ces motifs ne peuvent être que ceux indiqués dans l'article 3 des statuts.

Art. 36. — Si, au contraire, le postulant remplit les conditions stipulées par cet article, c'est-à-dire s'il est patenté entrepreneur dans la circonscription de la Chambre, qu'il offre de verser la cotisation fixée par le règlement et de s'engager par écrit à se conformer aux statuts, il doit être admis.

Exclusion pour cause de faillite.

Art. 37. — Si un membre de la Chambre vient à faire faillite, le Président le visitera ou le fera visiter par le syndic de la Chambre. On étudiera sa position, on entendra ses explications, et on fera du tout un rapport au Conseil. S'il est reconnu que la faillite est le résultat d'actes coupables, le membre failli sera exclu de la Société ; dans le cas contraire, il y sera maintenu.

Art. 38. — Les recettes de la Chambre se composeront : 1° des droits de Chambre payés par les parties dans toutes les affaires, à raison de ... pour cent ; 2° des amendes que feront encourir les absences et les infractions aux règlements ; 3° des honoraires abandonnés volontairement, par les membres des commissions d'expertise ; 4° Des cotisations.

CHAPITRE IV.

Cotisations.

Art. 39. — A la fin de chaque exercice qui sera d'une

année, le Bureau dressera le compte des dépenses et du produit des recettes en droits de Chambre ; l'excédant de la dépense sur ces deux classes de recettes sera réparti également sur tous les membres, et formera la cotisation.

Ce compte sera remis au trésorier, qui en donnera connaissance par lettres circulaires à tous les membres de la Chambre, et les invitera à venir payer leur cotisation.

Art. 40. — Il sera fait compte également des honoraires abandonnés par les experts, et ces sommes, seront immédiatement employées à l'achat de livres et objets, pour la bibliothèque et les collections de la Chambre ; sauf toutefois l'approbation du Bureau et du Conseil pour le choix des objets.

Si par négligence ou pour tout autre motif, un membre ne payait pas sa cotisation en temps voulu, il y sera contraint par toutes les voies de droit.

CHAPITRE V.

Discipline.

Art. 41. — Le Président, ou en son absence le Vice-Président, maintient l'ordre dans les Assemblées générales, et quand il y a lieu dans les réunions des Commissions.

Art. 42. — Il rectifie l'ordre du jour et le fait observer, en interdisant toute discussion sur un sujet étranger. De plus, il donne la parole à chacun dans l'ordre où elle a été demandée, arrête et fait abréger les développements trop longs, et empêche toutes attaques personnelles, toutes allégations blessantes.

Art. 43. — Si un membre ne se rend pas aux injonctions du Président, celui-ci le rappelle à l'ordre, et, en cas de persistance, il le rappelle à l'ordre avec mention au procès-verbal.

Art. 44. — Enfin, si l'obstination continue, le membre récalcitrant est exclu provisoirement de la Société ; son exclusion définitive est ultérieurement proposée à l'Assemblée, qui l'approuve ou la refuse.

Art. 45. — Tout membre du Conseil qui, après avoir été dûment convoqué à une séance de Commission ne s'y rendra pas, sera passible d'une amende de ..... francs. L'amende sera moins forte si le membre convoqué arrive seulement en retard.

Lorsque la réunion aura pour objet, une expertise ou un arbitrage, l'amende sera plus forte que dans tout autre cas.

Art. 46. — S'il venait à la connaissance de la Chambre, qu'un de ses membres critiquât ses actes en public ou répandît des bruits injurieux contre un des membres de son Bureau ou de son Conseil, une enquête serait ouverte aussitôt ; l'Assemblée générale serait convoquée ; le membre inculpé serait invité à se justifier, et s'il refusait de le faire ou qu'il ne pût y parvenir, il serait rappelé à l'ordre, ou condamné à une amende, et dans certains cas à l'exclusion.

De plus, la Chambre rendrait sa décision publique, afin de détruire l'effet des attaques ayant motivé la condamnation.

Art. 47. — Tout membre qui acceptera de rédiger un travail quelconque, tel que fragment de série de prix, rapport ou autre, devra fixer l'époque à laquelle il s'engagera à remettre ce travail. En cas de retard, il sera passible d'une amende proportionnée à la durée du retard.

Après un délai également déterminé à l'avance, le travail lui sera retiré pour être confié à un autre membre, et il sera fait mention du tout au procès-verbal.

QUELQUES MOTS SUR LE RÈGLEMENT

Mission.

La plupart des Chambres syndicales ne voient dans le règlement que les articles relatifs à l'expertise, aux cotisations et à la discipline; c'est un tort fort grave. Ces articles, en effet, indiquent bien comment les membres de la Chambre doivent payer leur part de dépenses, se rendre et se tenir aux assemblées, s'acquitter de leurs devoirs, fonctionner en un mot; mais il est une chose plus pressée que tout cela à faire, c'est d'attirer des sociétaires à la Chambre, car la série de prix n'a le caractère de *loi d'usage*, qui est la base de son autorité, qu'à la condition d'être acceptée et publiée par la presque totalité des entrepreneurs de la localité; ce qui est urgent encore, c'est d'inspirer au public et aux tribunaux la confiance dont la Chambre a besoin pour accomplir sa mission; en un mot, avant de régler le fonctionnement de la Chambre il faut donner des aliments à son activité.

Or, ce n'est que par des études régulières, par des conférences, par une utilité bien démontrée qu'une Chambre se fera connaître, estimer, et respecter. Tous les efforts d'une Chambre naissante doivent donc avoir pour objet les parties de la mission dont les articles 1 à 12 règlent les moyens d'exécution.

Expertises et arbitrage.

Le Code civil et le Code de procédure règlent la constitution des arbitres, la marche de leurs opérations, les obligations des experts, les motifs de récusation, etc. Je ne puis trop recommander aux Chambres syndicales de lire attentivement cette partie du Code : Ils confirmeront et compléteront pour eux les règles que j'ai indiquées dans les articles 13 à 25 du règlement.

Quant à l'article 26, on comprend qu'il a une grande importance. L'adjonction d'un membre étranger donnera une grande autorité à la Commission.

Série de prix

La série de prix étant la base des opérations de toute Chambre syndicale, nous recommandons aux Commissions chargées de les rédiger tout le soin et la sincérité possibles.

Qu'ils n'oublient jamais que les ouvrages doivent être estimés comme étant faits par de bons ouvriers et avec les matières premières achetées dans de bonnes conditions : — conditions de la localité, bien entendu. On ne peut pas prendre pour base des prix des matériaux la cote des pays de production, il faut au contraire tenir compte des transports et du bénéfice prélevé par les intermédiaires; mais encore faut-il supposer l'entrepreneur payant le prix auquel on traite quand on paye bien, et qu'on s'adresse aux meilleures maisons de la localité. De cette façon, la série de prix sera à l'abri de toute critique et conquerrera promptement la notoriété et l'autorité qui lui sont nécessaires.

Discipline.

J'ai peu de choses à dire de la discipline; le règlement indique assez les moyens de l'établir et de la maintenir.

Toutefois, j'inviterai les Chambres de récente création à méditer longuement le chiffre des amendes. Si ces amendes sont trop faibles on n'en fera aucun cas, et elles seront sans effet. Si au contraire elles sont trop élevées, on aura de la peine à les faire payer et elles deviendront une cause de discorde.

ASSURANCES

CONTRE LES ACCIDENTS D'OUVRIERS

Aux termes de l'article 1382 et suivants, les entrepreneurs de bâtiments sont responsables des accidents qui atteignent leurs ouvriers sur leurs travaux ; mais il est curieux de comparer le texte de la loi avec l'interprétation qu'en font la plus grande partie de nos tribunaux et de nos cours impériales.

Les articles d'où se déduit la responsabilité des entrepreneurs sont ainsi conçus :

« Art. 1382. — Tout fait quelconque de l'homme, « qui cause à autrui un dommage, oblige celui par la « faute duquel il est arrivé à le réparer.

« Art. 1383. — Chacun est responsable du dom- « mage qu'il a causé non-seulement par son fait, mais « encore par sa négligence ou par son imprudence.

« Art. 1384. — On est responsable non-seulement « du dommage que l'on cause par son propre fait, mais « encore par celui qui est causé par le fait des person- « nes dont on doit répondre, ou des choses que l'on a « sous sa garde. »

De là on a tiré la jurisprudence suivante :

« Quand un ouvrier se blesse ou se tue, pendant qu'il est dans le chantier d'un entrepreneur, chez lequel il travaille à la journée ou à ses pièces, l'entrepreneur doit, en cas de blessure, l'indemniser du temps qu'il a perdu, des dépenses qu'il a faites pour se soigner et de l'altération de sa santé, et, en cas de mort, il doit payer à ses survivants une somme fixe ou une rente, souvent l'une et l'autre, à titre d'indemnité.

« Il n'y a pas à objecter que l'ouvrier peut s'être blessé ou tué non *par le fait* de son patron mais *par son propre fait*, soit imprudence, soit désobéissance, soit ivresse, ou même *par le fait* de sa volonté, dans le but d'assurer par sa mort une rente à ses enfants, ou encore par *le fait de la nature*, dans le cas de maladie subite, coup de sang, vertige, etc. Les juges ou au moins la plus grande partie des juges rendent l'entrepreneur responsable des accidents arrivés à leurs ouvriers sur leurs chantiers quelle que soit la cause de ces accidents. »

C'est pour les entrepreneurs de bâtiments un danger permanent et qui, en ce qui concerne les accidents du fait des ouvriers, ne peut être prévenu par aucune vigilance, par aucune surveillance ;

C'est l'épée de Damoclès constamment suspendue sur leur tête ;

C'est un danger aussi formidable que celui d'incendie ;

Plus formidable même ; car celui dont la maison est brûlée, tout frappé qu'il est, ne perd que ce qu'il possède, tandis que celui dont un ouvrier se tue sur un de ses chantiers peut être condamné à payer à ses survivants une somme beaucoup plus forte que ce qu'il possède lui-même ; il ne peut donc alors se libérer qu'en livrant tout ce qu'il possède et de plus en engageant son avenir, quelquefois sa vie entière.

Un entrepreneur qui, à l'âge de cinquante ans, est condamné à verser une vingtaine de mille francs pour assurer une rente viagère à une veuve et une rente, pendant quinze à dix-huit ans, à ses enfants, ne peut, dans bien des cas faire face à une pareille condamnation qu'en s'engageant à abandonner tout le fruit de son travail pendant cette longue suite d'années.

Mais telle est la jurisprudence de la généralité de nos cours impériales. Il n'y a pas à la discuter ; il faut la subir, jusqu'à ce qu'une loi spéciale détermine nettement tous les cas dans lesquels les entrepreneurs doivent être rendus responsables des accidents arrivés à leurs ouvriers.

On conçoit que de bonne heure, les entrepreneurs sensés aient songé à se garantir contre le danger que nous venons d'exposer, par des moyens analogues à ceux par lesquels on se prémunit contre les dangers inévitables, c'est-à-dire par des assurances.

Cependant, ce n'est que depuis quelques années que les sociétés de ce genre se sont formées. Paris possède, à sa Chambre syndicale d'entrepreneurs, plusieurs sociétés qu'on peut citer comme des modèles pour toutes les villes qui songent à créer de telles assurances. Les entrepreneurs assurés à ces sociétés sont à l'abri de tous dangers, et tous ceux chez lesquels il est arrivé des sinistres ont été régulièrement indemnisés dans les termes des statuts de la société, et, pour tous, les primes qu'il y a à payer chaque année sont insignifiantes.

La mutualité pure est la base du système adopté par ces sociétés, et, là comme partout, elle a donné les résultats les plus satisfaisants.

La Société d'assurance du même genre, fondée par la Chambre syndicale de Lyon, donne également pleine sécurité et satisfaction aux entrepreneurs qui en font partie.

Ainsi, les résultats sont partout ceux que l'on devait attendre d'une institution répondant à un besoin de premier ordre, et organisée d'après un excellent principe.

Aussi, dans presque toutes les autres villes, les entrepreneurs s'occupent de former des sociétés d'assurance sur la même base; un grand nombre nous ont demandé des renseignements pour ces créations, et des modèles de statuts. Nous croyons donc faire une chose utile en introduisant dans notre brochure ces divers documents.

La première loi que doivent s'imposer les entrepreneurs qui fondent une assurance contre les risques d'accidents, est de mettre cette assurance dans les mains de la Chambre syndicale de la localité, s'il en existe une, et, s'il n'y en existe pas, de commencer par en fonder une, comme préliminaire de leur organisation d'assurance.

En effet, le désintéressement dont le syndicat fait un devoir à tous ses membres, le rapprochement entre l'objet d'une Chambre syndicale et celui d'une Société d'assurance pour les risques d'ouvriers, la surveillance que tous les membres d'une Chambre syndicale exercent constamment sur leurs confrères, assureront à cette Société une direction équitable, active, intelligente et dégagée de tout esprit de spéculation.

On devra aussi, autant que possible, confier la direction de l'assurance à des membres du bureau, et, au besoin, du conseil de la Chambre, parce que ces deux ordres de fonctions ont une grande analogie et marchent parfaitement ensemble. Dans toutes les réunions pour le syndicat, le bureau pourra donner quelques instants à l'assurance que, de cette manière, ses membres suivront de très-près sans dérangement exceptionnel.

Il est presque inutile de dire que la mutualité devra être le principe fondamental de l'assurance. Cela découle du caractère même de ses fondateurs.

La Société une fois constituée, ses premiers efforts devront tendre à attirer à elle tous les entrepreneurs sans distinction. Ce n'est, en effet, que par le grand nombre d'assurés qu'on peut réduire à un chiffre insignifiant les primes annuelles à payer par chacun.

On admettra donc à l'assurance tous les entrepreneurs de l'arrondissement offrant les garanties de moralité suffisantes, mais sans considérer s'ils sont ou non membres de la Chambre syndicale.

On devra englober dans cette assurance les entrepreneurs des divers corps de bâtiment. Assurément, ils ne paieront pas tous les mêmes primes, puisque les risques ne sont pas aussi grands pour tous; mais on proportionnera le taux de ces primes à la nature des dangers inhérents à chaque profession.

Je vais indiquer de suite, en peu de mots, le système que j'ai proposé pour la répartition des primes.

J'appelle *unité de risques* un ouvrier maçon travaillant une année, soit, en défalquant les dimanches et jours de fête, 300 journées.

La prime totale à payer par l'assuré devra être fixée à la fin de chaque année d'après son livre de payes; on additionne toutes les journées qu'il aura payées dans le courant de l'année, soit en travaux suivis par journées entières, soit en corvées (les heures se totalisant en jours) et on divise ce total par 300.

Autant de fois il contient 300, autant l'entrepreneur de maçonnerie doit d'unités de risques.

Ainsi un entrepreneur de maçonnerie qui aura payé dans l'année 3,525 journées devra 11 unités de risques 7 dixièmes.

J'ai pris pour unité de risques les ouvriers maçons; mais la Chambre, qui organisera une société d'assurance d'après le système que j'indique, aura à délibérer, à cet égard, et à décider si elle reconnaît cette base équitable. Ce que je veux, c'est que l'ouvrier de l'état où les risques sont les plus grands soit celui dont 300 jours représentent l'unité de risques.

En prenant pour cette unité l'ouvrier maçon, j'admettais que l'ouvrier charpentier et l'ouvrier couvreur devaient lui être assimilés; mais encore une fois cette base devra être établie par la Chambre elle-même, en raison du mode de travail dans chaque localité.

Les serruriers et les peintres devront être l'objet d'une grande attention de la part de la Chambre, en raison des différences de risques que présentent leurs travaux. Les ouvriers serruriers occupés au levage et à la pose de charpentes en fer, les ouvriers peintres travaillant sur des échafaudages, sont beaucoup plus exposés que lorsqu'ils travaillent à l'atelier, sur le sol, sur le carreau ou sur le parquet d'un appartement.

Il y aura donc lieu de porter une partie des risques dus par les entrepreneurs de peinture et de serrurerie au taux du risque le plus fort, pour le temps pendant lequel ils auront fait des travaux plus dangereux que leurs travaux ordinaires, et en raison du nombre d'ouvriers qu'ils y auront occupés. — C'est la partie la plus difficile de la répartition des risques, mais on ne peut pas l'éluder sans injustice.

A la fin de chaque année, tous les entrepreneurs feront, aux inspecteurs de la Société, la déclaration du total de leurs payes, d'où l'on déduira le nombre d'unités des risques qu'ils auront à payer.

En divisant le total des dépenses qu'aura supportées la société, tant en frais d'administration qu'en indemnités et frais de justice remboursés aux assurés qui auront éprouvé des sinistres, on trouvera la prime due par chacun, et la rentrée de ces primes remettra au pair le trésor de la Chambre, diminué de toutes les sommes dépensées dans le courant de l'année.

Rien n'est plus simple que ce système.

Admettons que dans l'arrondissement où se fonde l'assurance, cent entrepreneurs occupant ensemble deux mille ouvriers, concourent à la fondation d'une Société d'assurance. Si on évalue provisoirement à 12,000 fr. la somme nécessaire pour le capital social, chaque membre entrant devra verser, à titre de mise sociale, 6 francs par ouvrier, c'est-à-dire autant de pièces de 6 francs qu'il aura payé de fois 300 journées pendant les derniers douze mois écoulés.

Le Conseil d'administration placera ce capital dans un des établissements publics de crédit ; puis il y puisera, pendant l'année, les sommes nécessaires pour faire face aux indemnités, frais de justice et dépenses d'administration.

A la fin de l'année, il procédera à la régularisation des comptes de chacun d'après le mode que nous avons indiqué plus haut ; c'est-à-dire qu'il fera contrôler par ses inspecteurs les livres de paye de chaque assuré, afin d'avoir le nombre total des unités de risques dues par chaque assuré et d'en tirer le taux de chaque unité de risque.

S'il y a, par exemple, 8,000 fr. de dépenses, et que

le nombre de risques soit de 2,000, il sera dû 4 fr. par 300 journées d'ouvriers.

Ce n'est que par des détails d'application que l'auteur d'un système peut le faire bien comprendre de ses lecteurs. Je vais donc présenter, avec plus de détails encore que dans le paragraphe précédent, le compte que le Conseil d'administration de la Société, prise ci-dessus pour base de mon raisonnement, devra établir à la fin de l'année.

Prenons d'abord quelques comptes particuliers :

M. A..., entrepreneur de maçonnerie, a payé, dans le courant de l'année qui finit, 7,500 journées; c'est l'équivalent de 25 années complètes d'un ouvrier (à 300 jours); il doit donc 25 risques complets, en admettant que les maçons soient classés dans les plus forts risques.

M. A... est donc porté pour 25 risques entiers.

Le calcul serait le même pour M. B..., pour M. C..., pour M. D... et pour les autres entrepreneurs de maçonnerie; chacun d'eux serait porté pour autant de risques entiers qu'il aurait payé de fois 300 journées dans le cours de l'année.

Et, qu'on ne l'oublie pas, on additionne, pour arriver à ce chiffre, toutes les journées en travaux suivis, comme les journées, demi-journées, quarts de journées, et même heures faites en corvée.

M. E..., M. F..., M. G... et autres entrepreneurs de charpente, seront portés également pour autant de risques qu'ils auront payé de fois 300 journées à leurs ouvriers, dans le courant de l'année.

Il en sera de même des couvreurs.

Supposons maintenant qu'il ait été admis par le Conseil d'administration, et par conséquent stipulé dans les statuts, que les ouvriers menuisiers ne soient comptés que pour tiers de risque.

M. H..., entrepreneur de menuiserie, ayant payé 6,600 journées, c'est 300 années pleines de 22 ouvriers. Mais chaque année d'ouvrier menuisier ne compte que pour un tiers de risque; M. H... ne sera donc porté que pour le tiers de 22 risques, soit 7 risques, plus 1/3.

Supposons que les ouvriers serruriers aient été admis par le Conseil comme payant 2/3 de risque, en moyenne. (C'est le moyen d'éviter le calcul particulier des jours passés aux travaux de charpente en fer, et des jours passés aux travaux d'atelier.)

M. K..., entrepreneur de serrurerie, ayant payé 5,400 journées, figurera pour 18 ouvriers à 300 jours ; mais l'année de chaque ouvrier serrurier étant comptée pour 2/3 de risque, M. K... ne sera porté que pour les 2/3 de 18, soit 12. Ainsi, on le portera pour 12 risques.

Le compte sera le même pour les autres entrepreneurs de serrurerie.

Le résumé de ces comptes se présentera donc ainsi :

Entrepreneurs de maçonnerie, ensemble .	500
Id. de charpente.	300
Id. de serrurerie, ...	200
Id. de menuiserie	400
Id. de peinture	400
Id. de couverture et plomberie	150
Id. de fumisterie.	50
Total	2,000

Supposons maintenant que les dépenses se soient élevées, savoir :

Loyer (s'il y en a un); appointements de l'agent principal et des agents subalternes ; indemnités payées pour sinistres, frais de justice, secours à des blessés, frais de médecin, notes de pharmacie. 8,000

C'est 4 francs par risque entier.

Donc, en reprenant les comptes cités plus haut, par exemple :

M. A..., qui a payé 7,500 journées, c'est-à-dire 25 fois 300 jours d'ouvrier maçon, soit 25 risques entiers, devra 4 × 25, 100

M. E..., qui a payé 4,320 journées d'ouvrier charpentier, soit 12 risques entiers, devra 4 × 12, 48

M. H..., entrepreneur de menuiserie, qui a payé 6,600 journées, c'est-à-dire 22 fois 300 jours d'ouvrier menuisier, devra 22 tiers de risques, ou sept risques plus 1/3, soit 4 × 7 1/3, 29 33

M. K..., entrepreneur de serrurerie, qui a payé 5,400 journées, c'est-à-dire 18 fois 300 jours d'ouvrier, devra 18 doubles tiers ou 36 tiers de risque, soit 4 × 36 tiers ou 12 entiers, 48

On comprend qu'il n'est pas nécessaire que chaque total de 300 jours ait été fait par un seul ouvrier ; on prend le total des journées payées par l'entrepreneur, et s'il en a payé 300 en tout dans son année, c'est-à-dire, tantôt rien, tantôt 3 ou 4 ouvriers, c'est comme s'il avait eu constamment un ouvrier. Les jours où il n'avait personne, il ne faisait pas courir de risque à la Société; les jours où il avait 4 ouvriers, il lui faisait courir un quadruple risque (risque d'un jour). Ainsi, 300 ouvriers, pendant un jour, font courir à la Société autant de risques que 1 ouvrier pendant 300 jours.

En un mot, en comptant autant de risques (représentation de 300 jours d'un ouvrier) qu'il y a eu de fois 300 jours payés, on obtient la somme réelle des risques courus par la Société.

Cotisation à l'entrée.

Une des grandes préoccupations de ceux qui organiseront une Société du genre de celle qui nous occupe, devra être de fixer convenablement le chiffre des cotisations à verser en entrant dans la Société : si en effet le chiffre des cotisations est trop faible, elles ne formeront pas un fonds de roulement suffisant pour les besoins du service ; si au contraire il est trop élevé, il détournera les petits entrepreneurs d'entrer dans la Société.

Je pense qu'une mise de 100 fr. à l'entrée serait suffisante, mais il sera bon de ne pas l'exiger de suite en espèces ; en en fractionnant le versement, on donne encore une facilité qui plaira au plus graud nombre. Toutefois, comme il faut que la Société ait en main une représentation sérieuse des engagements, on fera régler en billets les trois parts que l'on devra payer à terme. L'entrant versera donc 25 francs en espèces et souscrira 3 billets de 25 francs échelonnés de trois en trois mois.

Les versements faits en espèces devront suffire aux besoins du premier trimestre; cependant si un sinistre grave rendait cette somme insuffisante, on se créerait facilement des ressources en négociant une partie des billets représentant les deuxième et troisième parts de la cotisation d'entrée.

J'ai montré l'importance que devraient avoir les mises à l'entrée des entrepreneurs, qui formeraient au début le noyau de notre Société mutuelle, et la proportion dans laquelle se verseraient ces mises ; il me reste à exposer la marche des versements pendant les années suivantes.

Reportons-nous aux comptes de la première année et tirons-en le budget de la seconde.

D'après ce qui aurait été fait, en suivant la marche tracée dans mon dernier article, les recettes de la première année se seraient élevées à l'équivalent de là dépense de deux années (1). En supposant donc que les indemnités n'aient pas excédé les probabilités rationnelles, il resterait en caisse, à la fin de cette première année, une somme équivalente aux dépenses probables de la seconde année. Cette somme, dans mon système, représente pour toujours tout le capital social, à peu de chose près ; on ne l'augmentera que petit à petit de 50 p. 0/0 pour ne plus le modifier jamais.

La somme à imposer aux assurés pour la deuxième année devra comprendre :

1° La somme nécessaire pour rendre le reste en caisse égal à la somme dépensée pendant la première année, si cette dépense a excédé la moitié des recettes;

2° Une somme égale à la dépense de la première année ;

3° Un cinquième de la dépense de la première année.

Prenons des chiffres.

Je suppose que le total des mises à l'entrée, versées dans les proportions indiquées ci-dessus, se soit élevé à 1,600 fr. ; et que les dépenses de la première année, en indemnités et frais d'administration, aient monté à 10,000 fr.

(1) On a vu que pour la première mise je fais verser double risque.

On devra fixer comme suit la somme à imposer aux assurés pendant la deuxième année :

1° 4,000 fr. pour relever le fonds de réserve au niveau des dépenses de la première année.

2° 10.000 fr.; somme équivalente aux dépenses de la deuxième année, rendues probables par les dépenses de la première année aujourd'hui connues.

3° 2,000 fr.; cinquième de la dépense d'une année, destinée à élever le fonds de réserve de 50 p. 0/0.

Ce serait donc 16,000 fr. qu'il faudrait encore faire payer aux assurés pendant la seconde année, c'est-à-dire la même prime que l'année précédente avec le même fractionnement de temps et de quotité.

Mais, comme on le voit, j'ai pris pour arriver à ce chiffre exceptionnel une année très-malheureuse, puisque j'ai supposé une dépense de 25 pour cent plus élevée que les probabilités les mieux établies; et notez que ces 25 p. cent seraient produits par les seules indemnités de sinistres, puisque les dépenses d'administration sont à peu près invariables.

Prenons maintenant pour exemple une année ordinaire; et admettons que les dépenses se soient élevées à 8,000 fr., conformément aux probabilités rationnelles.

Il restera en caisse alors, à la fin de la première année, 8,000 fr.

1° Il n'y aura donc rien à mettre à la charge du budget de la seconde année pour rendre le fonds de réserve égal aux dépenses d'une année.

2° Les dépenses de la seconde année seront fixées par prévision à 8,000 fr.

3° Enfin le cinquième de la dépense d'une année sera de 1,600 fr.

C'est donc une somme de 9,600 fr, qu'il faudra imposer aux assurés pour la seconde année, et que, bien entendu, ils verseront dans les mêmes proportions de temps et de quotité que celle de la première année.

Enfin, il n'est pas juste de supposer qu'il ne se produira de différences dans les dépenses que par des excédants de sinistres. La fluctuation devra aussi bien faire descendre les dépenses au-dessous du taux normal que les élever au-dessus de lui.

Supposons donc que la deuxième année donne un quart de moins de sinistres; les chiffres vont se modifier dans la proportion suivante, et le budget à dresser pour la troisième année, s'établir comme suit :

1° Au lieu d'avoir à ajouter au fonds de réserve, pour le rendre égal à la dépense d'une année, on profitera de l'excédant de la recette sur la dépense, et on aura à appliquer à la troisième année 10,000 fr., par exemple de ce chef.

2° La dépense de l'année qui finit étant de 7,000 fr. (1), on n'aura à prévoir qu'une dépense de 7,000 fr. pour l'année suivante.

3° Enfin le chiffre à attribuer à la réserve ne sera que de 1,400 fr., soit donc en tout 7,000 fr. plus 1,400 fr. diminués de 1,000 fr. restés en excédant, ou 7,400 fr. qu'il faudra imposer aux assurés pour la troisième année.

On voit que le chiffre des dépenses de chaque année détermine toujours le budget de l'année suivante.

Les timides vont trouver étonnant qu'au lieu de

(1) Bien que les indemnités à payer, dans cette hypothèse, soient diminuées de 25 0|0, le chiffre total de la dépense ne baisse pas du même taux, parce que le chiffre seul des indemnités diminue et que celui des frais d'administration ne varie pas.

maintenir le fonds de réserve, une fois acquis et versé, je le laisse s'abaisser. A leurs yeux, c'est perdre les avantages acquis. Mais je leur répondrai qu'en suivant constamment la fluctuation des sinistres, on est toujours en mesure de faire face aux éventualités.

Surveillance.

Les membres du Conseil d'administration et même tous les membres de la Société, doivent exercer une grande surveillance sur les chantiers des assurés. En effet, on ne peut nier que certains entrepreneurs font servir à tort des cordages, des échelles, et autres parties de matériel trop vieux et sans solidité suffisante : les conséquences des accidents qui résulteraient de cette incurie seraient naturellement à la charge de la Société. Le Conseil d'administration doit donc user de son autorité pour contraindre les assurés à prendre toutes les précautions nécessaires pour éviter les malheurs, et tous les assurés doivent le seconder dans la surveillance qu'il exerce à cet effet.

SOCIÉTÉ D'ASSURANCE MUTUELLE

CONTRE

LES SUITES DES ACCIDENTS

DONT LES ENTREPRENEURS SONT RESPONSABLES.

Constitution, but, durée et siége de la Société.

Art. 1er. — Une Société d'assurance mutuelle est fondée pour trente années entre les entrepreneurs des diverses branches du bâtiment résidant dans le département de............. Le but de cette association est de garantir les entrepreneurs qui en font partie contre les conséquences pécuniaires auxquelles ils sont exposés par application des articles 1382 et suivants du Code Napoléon, pour les accidents atteignant leurs ouvriers ou d'autres personnes dans l'exécution des travaux de leur profession, sur un point quelconque du territoire continental de la France.

Art. 2. — Cette association a son siége à............ rue...........

Art. 3. — Tout entrepreneur d'une branche quelconque du bâtiment ou s'y rattachant sera admis dans l'association à la condition d'être patenté dans le département de..........., d'accepter les engagements stipulés dans le présent acte, de verser la mise indiquée ci-dessous et de justifier du nombre d'ouvriers qu'il emploie en moyenne.

Art. 4. — Le décès ou la cessation d'affaires font

cesser de plein droit l'assurance. Dans l'un ou l'autre cas les cotisations versées sont acquises à l'association, mais elles formeront la cotisation des successeurs si l'établissement se trouve vendu.

Art. 5. — La Société sera constituée du jour où elle aura réuni ..... adhérents.

Administration.

Art. 6. — L'association est administrée par un Conseil composé à l'élection par l'assemblée générale des adhérents; ces fonctions sont gratuites. Le Conseil est renouvelé par tiers chaque année. Les membres sortants sont rééligibles.

Art. 7. — Le Conseil nommera un agent chargé, moyennant honoraires, de tenir les écritures et les livres de l'association, de diriger les instances qui auront lieu en cas d'accident, ou de tenter les transactions.

Art. 8. — Le Conseil attachera à l'association un médecin, un avoué et un avocat, pour agir suivant les circonstances au mieux des intérêts des assurés.

Art. 9. — Le Conseil se réunira tous les trois mois sur la convocation du président, et extraordinairement sur la demande de trois membres ou du président lui-même, les lettres de convocation énonceront l'objet des réunions tant ordinaires qu'extraordinaires.

Art. 10. — Les délibérations seront prises à la majorité relative.

Cotisations.

Art. 11. — Les dépenses d'administration de l'association ainsi que les indemnités à payer par suite d'accidents seront couvertes par une cotisation proportionnée au nombre d'ouvriers employés par chaque assuré, et à l'importance des risques qu'il fait courir à la Société.

Art. 12. — Elles se composeront d'une première mise à l'entrée et d'une cotisation annuelle dont la quotité sera déterminée par le chiffre des sommes à payer par la Société.

Art. 13. — La cotisation, par chaque assuré, se calcule :

1° D'après le nombre de risques qu'il fait courir à l'association ;

2° D'après l'importance de ces risques.

L'unité de risques se compose de 300 journées. Chaque assuré doit donc à la fin de l'année autant de risques qu'il a payé de fois 300 journées faites entières ou par parties et par un nombre quelconque d'ouvriers, payant risque entier.

Art. 14. — Les risques varient en raison du danger inhérent à chaque profession. Les maçons, les charpentiers, les couvreurs et les fumistes paient 1 risque entier pour 300 journées. Les menuisiers, les serruriers, les peintres ne paient pour le même nombre de journées qu'une fraction de risque que détermine l'assemblée générale sur la proposition du Conseil d'administration. Pour calculer la cotisation à payer par chaque entrepreneur payant fraction de risque on prend autant de fractions de risques qu'il en faut pour former 300 journées ou risque entier et ensuite on divise le total de ses journées par ce nombre :

Art. 15. — La mise à l'entrée sera égale à autant de fois ..... francs que l'assuré entrant occupera d'ouvriers. Elle sera formée, savoir : un quart en espèces, et trois quarts en trois billets égaux, à échéance de trois, six et neuf mois.

Art. 16. — Les entrepreneurs qui auront adhéré au présent acte, avant la constitution de la Société, fourniront cette première mise, aussitôt que la Société sera constituée; les autres la fourniront le jour de leur admission dont ce versement est une condition.

Art. 17. — Les cotisations annuelles, seront telles que leur somme soit équivalente à :

1° La somme nécessaire pour rendre le reste en caisse égal à la somme dépensée pendant la première année, si cette dépense a excédé la moitié des recettes ;

2° Une somme égale à la dépense de la première année ;

3° Un cinquième de la dépense de la première année.

Art. 18. — Chaque assuré est tenu de remettre tous les trimestres, à l'agent de la Chambre, une déclaration signée du montant de ses dépenses en main-d'œuvre, afin de fournir le moyen d'évaluer la cotisation qu'il devra payer. Il devra, en même temps, payer le quart de sa cotisation de l'année.

En cas de fraudes reconnues dans les déclarations d'un assuré, il perdrait tous ses droits; les sommes par lui versées seraient acquises à l'assurance, et le Conseil prononcera son exclusion.

Sinistres. — Obligations de l'associé.

Art. 19. — L'assuré dans les travaux duquel un sinistre aura lieu devra en faire, sur-le-champ et par un exprès, la déclaration à l'agent de la Chambre ; de plus, il devra dresser et faire appuyer, par les témoignages des personnes présentes, la constatation de toutes les circonstances qui auront précédé, accompagné et suivi l'accident.

Il veillera à ce que le blessé reçoive, soit sur place, soit à l'hôpital, les soins commandés par son état.

Art. 20. — L'agent devra avertir le médecin de l'assurance, et se rendra sur les lieux pour s'assurer que toutes les mesures de précaution ont été prises par l'entrepreneur, et l'aider à les prendre convenablement.

Transactions. — Procédure.

Art. 21. — L'agent entendra les réclamations de la famille du blessé, et, s'il y a lieu, amènera une transaction provisoire, qu'il soumettra au conseil convoqué à cet effet, et qu'il fera valider par lui, au cas où elle serait approuvée.

Art. 22. — Si aucune transaction n'est possible, l'agent agira en justice comme défendeur, de concert avec l'avoué et l'avocat de l'assurance.

Art. 23. — Les avances et tous les frais de cette instance sont fournis par le trésor de la Société, sauf le cinquième, qui est payé par l'entrepreneur, dans les proportions de son assurance.

Art. 24. — Si la Société transige moyennant une somme quelconque, ou que, par suite de procès, l'assuré soit condamné, l'assurance paiera les quatre cinquièmes, et le sinistré le dernier cinquième, attendu que chaque assuré est son propre assureur pour un cinquième.

Meaux. — Imprimerie Jules Carro.

www.ingramcontent.com/pod-product-compliance
Lightning Source LLC
LaVergne TN
LVHW010033230826
846091LV00005B/1685
9782013676915